# Nolte (Hrsg.)

# Hinweisgeberschutzgesetz (HinSchG)

# HINWEISGEBER-SCHUTZGESETZ (HinSchG)

Einzelvorschrift

Herausgegeben von
Andreas Maximilian Nolte

1. Auflage 2023
Stand: 05.12.2023

**Bibliographische Information der Deutschen Nationalbibliothek:**
Die Deutsche Nationalbibliothek verzeichnet diese Publikation in der Deutschen Nationalbibliografie; detaillierte bibliografische Daten sind im Internet über **http://dnb.dnb.de** abrufbar.

# Begleitwort

Hinweisgeber und Whistleblower im Zusammenhang mit der beruflichen oder dienstlichen Tätigkeit wirksam vor Repressalien schützen — dies ist Gegenstand der EU-Whistleblower-Richtlinie und dem neuen, deutschen Hinweisgeberschutzgesetz (HinSchG), welches am 02.07.2023 in Kraft getreten ist.

Vorliegendes Textbuch enthält die Einzelvorschrift und versteht sich als handliches Werkzeug für interne Meldestellenbeauftragte in deutschen Unternehmen und Behörden, sowie für die tätigen Beschäftigten bei externen Meldestellen des Bundes und der Länder, sowie für Jurist*innen in Unternehmen und Behörden. Es ermöglicht dem Rechtsanwender ein schnelles Nachschlagen der Vorschriften für die tägliche Berufs- und Ausbildungspraxis.

Der Herausgeber freut sich stets über Feedback und Anregungen zu der vorliegenden Auflage dieses Werkes, am besten per E-Mail an buero-nolte@am-nolte.de.

Traunstein, im Dezember 2023

*Andreas Maximilian Nolte*

# I. Hinweisgeberschutzgesetz (HinSchG)

## Inhaltsübersicht[1]



---

[1] Die Inhaltsübersicht ist nichtamtlich.

# Hinweisgeberschutzgesetz (HinSchG)

Gesetz für einen besseren Schutz hinweisgebender Personen

vom 31. Mai 2023

(BGBl. 2023 I Nr. 140)

Das G wurde als Artikel 1 des G v. 31.5.2023 I Nr. 140 vom Bundestag mit Zustimmung des Bundesrates beschlossen. Es tritt gem. Art. 10 Abs. 2 dieses G am 2.7.2023 in Kraft. § 41 tritt gem. Art. 10 Abs. 1 dieses G am 3.6.2023 in Kraft.

## Abschnitt 1
## Allgemeine Vorschriften

### § 1 Zielsetzung und persönlicher Anwendungsbereich

(1) Dieses Gesetz regelt den Schutz von natürlichen Personen, die im Zusammenhang mit ihrer beruflichen Tätigkeit oder im Vorfeld einer beruflichen Tätigkeit Informationen über Verstöße erlangt haben und diese an die nach diesem Gesetz vorgesehenen Meldestellen melden oder offenlegen (hinweisgebende Personen).

(2) Darüber hinaus werden Personen geschützt, die Gegenstand einer Meldung oder Offenlegung sind, sowie sonstige Personen, die von einer Meldung oder Offenlegung betroffen sind.

### § 2 Sachlicher Anwendungsbereich

(1) Dieses Gesetz gilt für die Meldung (§ 3 Absatz 4) und die Offenlegung (§ 3 Absatz 5) von Informationen über

Hinweisgeberschutzgesetz (HinSchG)

1.  Verstöße, die strafbewehrt sind,

2.  Verstöße, die bußgeldbewehrt sind, soweit die verletzte Vorschrift dem Schutz von Leben, Leib oder Gesundheit oder dem Schutz der Rechte von Beschäftigten oder ihrer Vertretungsorgane dient,

3.  sonstige Verstöße gegen Rechtsvorschriften des Bundes und der Länder sowie unmittelbar geltende Rechtsakte der Europäischen Union und der Europäischen Atomgemeinschaft

> a) zur Bekämpfung von Geldwäsche und Terrorismusfinanzierung, unter Einschluss insbesondere des Geldwäschegesetzes und der Verordnung (EU) 2015/847 des Europäischen Parlaments und des Rates vom 20. Mai 2015 über die Übermittlung von Angaben bei Geldtransfers und zur Aufhebung der Verordnung (EU) Nr. 1781/2006 (ABl. L 141 vom 5.6.2015, S. 1), die durch die Verordnung (EU) 2019/2175 (ABl. L 334 vom 27.12.2019, S. 1) geändert worden ist, in der jeweils geltenden Fassung,

> b) mit Vorgaben zur Produktsicherheit und -konformität,

> c) mit Vorgaben zur Sicherheit im Straßenverkehr, die das Straßeninfrastruktursicherheitsmanagement, die Sicherheitsanforderungen in Straßentunneln sowie die Zulassung zum Beruf des Güterkraftverkehrsunternehmers oder des Personenkraftverkehrsunternehmers (Kraftomnibusunternehmen) betreffen,

> d) mit Vorgaben zur Gewährleistung der Eisenbahnbetriebssicherheit,

e) mit Vorgaben zur Sicherheit im Seeverkehr betreffend Vorschriften der Europäischen Union für die Anerkennung von Schiffsüberprüfungs- und -besichtigungsorganisationen, die Haftung und Versicherung des Beförderers bei der Beförderung von Reisenden auf See, die Zulassung von Schiffsausrüstung, die Seesicherheitsuntersuchung, die Seeleute- Ausbildung, die Registrierung von Personen auf Fahrgastschiffen in der Seeschifffahrt sowie Vorschriften und Verfahrensregeln der Europäischen Union für das sichere Be- und Entladen von Massengutschiffen,

f) mit Vorgaben zur zivilen Luftverkehrssicherheit im Sinne der Abwehr von Gefahren für die betriebliche und technische Sicherheit und im Sinne der Flugsicherung,

g) mit Vorgaben zur sicheren Beförderung gefährlicher Güter auf der Straße, per Eisenbahn und per Binnenschiff,

h) mit Vorgaben zum Umweltschutz,

i) mit Vorgaben zum Strahlenschutz und zur kerntechnischen Sicherheit,

j) zur Förderung der Nutzung von Energie aus erneuerbaren Quellen und der Energieeffizienz,

k) zur Lebensmittel- und Futtermittelsicherheit, zur ökologischen Produktion und zur Kennzeichnung von ökologischen Erzeugnissen, zum Schutz geografischer Angaben für Agrarerzeugnisse und Lebensmittel einschließlich Wein, aromatisierter Weinerzeugnisse und Spirituosen sowie garantiert traditioneller Spezialitäten, zum Inverkehrbringen und Verwenden von Pflanzenschutzmitteln sowie zur Tiergesundheit und zum Tierschutz, soweit sie den Schutz von landwirtschaftlichen Nutztieren, den Schutz von Tieren zum Zeitpunkt der Tötung, die Haltung von Wildtieren in Zoos, den Schutz der für wissenschaftliche Zwecke verwendeten Tiere sowie den Transport von Tieren und die damit zusammenhängenden Vorgänge betreffen,

l) zu Qualitäts- und Sicherheitsstandards für Organe und Substanzen menschlichen Ursprungs, Human- und Tierarzneimittel, Medizinprodukte sowie die grenzüberschreitende Patientenversorgung,

m) zur Herstellung, zur Aufmachung und zum Verkauf von Tabakerzeugnissen und verwandten Erzeugnissen,

n) zur Regelung der Verbraucherrechte und desVerbraucherschutzes im Zusammenhang mit Verträgen zwischen Unternehmern und Verbrauchern sowie zum Schutz von Verbrauchern im Bereich der Zahlungskonten und Finanzdienstleistungen, bei Preisangaben sowie vor unlauteren geschäftlichen Handlungen,

o) zum Schutz der Privatsphäre in der elektronischen Kommunikation, zum Schutzder Vertraulichkeit der Kommunikation, zum Schutz personenbezogener Daten im Bereich der elektronischen Kommunikation, zum Schutz der Privatsphäre der Endeinrichtungen von Nutzern und von in diesen Endeinrichtungen gespeicherten Informationen, zum Schutz vor unzumutbaren Belästigungen durch Werbung mittels Telefonanrufen, automatischen Anrufmaschinen, Faxgeräten oder elektronischer Post sowie über die Rufnummernanzeige und -unterdrückung und zur Aufnahme in Teilnehmerverzeichnisse,

p) zum Schutz personenbezogener Daten im Anwendungsbereich der Verordnung (EU) 2016/679 des Europäischen Parlaments und des Rates vom 27. April 2016 zum Schutz natürlicher Personen bei der Verarbeitung personenbezogener Daten, zum freien Datenverkehr und zur Aufhebung der Richtlinie 95/46/EG (Datenschutz- Grundverordnung) (ABl. L 119 vom 4.5.2016, S. 1; L 314 vom 22.11.2016, S. 72; L 127 vom 23.5.2018, S. 2; L 74 vom 4.3.2021, S. 35) gemäß deren Artikel 2,

q) zur Sicherheit in der Informationstechnik im Sinne des § 2 Absatz 2 des BSI-Gesetzes von Anbietern digitaler Dienste im Sinne des § 2 Absatz 12 des BSI-Gesetzes,

r) zur Regelung der Rechte von Aktionären von Aktiengesellschaften,

s) zur Abschlussprüfung bei Unternehmen von öffentlichem Interesse nach § 316a Satz 2 des Handelsgesetzbuchs,

t) zur Rechnungslegung einschließlich der Buchführung von Unternehmen, die kapitalmarktorientiert im Sinne des § 264d des Handelsgesetzbuchs sind, von Kreditinstituten im Sinne des § 340 Absatz 1 des Handelsgesetzbuchs, Finanzdienstleistungsinstituten im Sinne des § 340 Absatz 4 Satz 1 des Handelsgesetzbuchs, Wertpapierinstituten im Sinne des § 340 Absatz 4a Satz 1 des Handelsgesetzbuchs, Instituten im Sinne des § 340 Absatz 5 Satz 1 des Handelsgesetzbuchs, Versicherungsunternehmen im Sinne des § 341 Absatz 1 des Handelsgesetzbuchs und Pensionsfonds im Sinne des § 341 Absatz 4 Satz 1 des Handelsgesetzbuchs,

4. Verstöße gegen bundesrechtlich und einheitlich geltende Regelungen für Auftraggeber zum Verfahren der Vergabe von öffentlichen Aufträgen und Konzessionen und zum Rechtsschutz in diesen Verfahren ab Erreichen der jeweils maßgeblichen EU-Schwellenwerte,

5. Verstöße, die von § 4d Absatz 1 Satz 1 des Finanzdienstleistungsaufsichtsgesetzes erfasst sind, soweit sich nicht aus § 4 Absatz 1 Satz 1 etwas anderes ergibt,

6. Verstöße gegen für Körperschaften und Personenhandelsgesellschaften geltende steuerliche Rechtsnormen,

7. Verstöße in Form von Vereinbarungen, die darauf abzielen, sich in missbräuchlicher Weise einen steuerlichen Vorteil zu verschaffen, der dem Ziel oder dem Zweck des für Körperschaften und Personenhandelsgesellschaften geltenden Steuerrechts zuwiderläuft,

8. Verstöße gegen die Artikel 101 und 102 des Vertrags über die Arbeitsweise der Europäischen Union sowie Verstöße gegen die in § 81 Absatz 2 Nummer 1, 2 Buchstabe a und Nummer 5 sowie Absatz 3 des Gesetzes gegen Wettbewerbsbeschränkungen genannten Rechtsvorschriften,

9.  Verstöße gegen Vorschriften der Verordnung (EU) 2022/1925 des Europäischen Parlaments und des Rates vom 14. September 2022 über bestreitbare und faire Märkte im digitalen Sektor und zur Änderung der Richtlinien (EU) 2019/1937 und (EU) 2020/1828 (Gesetz über digitale Märkte) (ABl. L 265 vom 12.10.2022, S. 1),

10. Äußerungen von Beamtinnen und Beamten, die einen Verstoß gegen die Pflicht zur Verfassungstreue darstellen.

(2) Dieses Gesetz gilt außerdem für die Meldung und Offenlegung von Informationen über

1.  Verstöße gegen den Schutz der finanziellen Interessen der Europäischen Union im Sinne des Artikels 325 des Vertrags über die Arbeitsweise der Europäischen Union und

2.  Verstöße gegen Binnenmarktvorschriften im Sinne des Artikels 26 Absatz 2 des Vertrags über die Arbeitsweise der Europäischen Union, einschließlich über Absatz 1 Nummer 8 hinausgehender Vorschriften der Europäischen Union über Wettbewerb und staatliche Beihilfen.

## § 3 Begriffsbestimmungen

(1) Für dieses Gesetz gelten die Begriffsbestimmungen der folgenden Absätze.

(2) Verstöße sind Handlungen oder Unterlassungen im Rahmen einer beruflichen, unternehmerischen oder dienstlichen Tätigkeit, die rechtswidrig sind und Vorschriften oder Rechtsgebiete betreffen, die in den sachlichen Anwendungsbereich nach § 2 fallen. Hierzu können auch missbräuchliche Handlungen oder Unterlassungen gehören, die

dem Ziel oder dem Zweck der Regelungen in den Vorschriften oder Rechtsgebieten zuwiderlaufen, die in den sachlichen Anwendungsbereich nach § 2 fallen.

(3) Informationen über Verstöße sind begründete Verdachtsmomente oder Wissen über tatsächliche oder mögliche Verstöße, die bei dem Beschäftigungsgeber, bei dem die hinweisgebende Person tätig ist oder war, oder bei einer anderen Stelle, mit der die hinweisgebende Person aufgrund ihrer beruflichen Tätigkeit im Kontakt steht oder stand, bereits begangen wurden oder sehr wahrscheinlich erfolgen werden, sowie über Versuche der Verschleierung solcher Verstöße.

(4) Meldungen sind Mitteilungen von Informationen über Verstöße an interne Meldestellen (§ 12) oder externe Meldestellen (§§ 19 bis 24).

(5) Offenlegung bezeichnet das Zugänglichmachen von Informationen über Verstöße gegenüber der Öffentlichkeit.

(6) Repressalien sind Handlungen oder Unterlassungen im Zusammenhang mit der beruflichen Tätigkeit, die eine Reaktion auf eine Meldung oder eine Offenlegung sind und durch die der hinweisgebenden Person ein ungerechtfertigter Nachteil entsteht oder entstehen kann.

(7) Folgemaßnahmen sind die von einer internen Meldestelle nach § 18 oder von einer externen Meldestelle nach § 29 ergriffenen Maßnahmen zur Prüfung der Stichhaltigkeit einer Meldung, zum weiteren Vorgehen gegen den gemeldeten Verstoß oder zum Abschluss des Verfahrens.

(8) Beschäftigte sind

    1.    Arbeitnehmerinnen und Arbeitnehmer,

    2.    die zu ihrer Berufsbildung Beschäftigten,

3.   Beamtinnen und Beamte,

4.   Richterinnen und Richter mit Ausnahme der ehren-
     amtlichen Richterinnen und Richter,

5.   Soldatinnen und Soldaten,

6.   Personen, die wegen ihrer wirtschaftlichen Unselb-
     ständigkeit als arbeitnehmerähnliche Personen
     anzusehen sind; zu diesen gehören auch die in
     Heimarbeit Beschäftigten und die ihnen Gleichge-
     stellten,

7.   Menschen mit Behinderung, die in einer Werkstatt
     für behinderte Menschen oder bei einem anderen
     Leistungsanbieter nach § 60 des Neunten Buches
     Sozialgesetzbuch beschäftigt sind.

(9) Beschäftigungsgeber sind, sofern mindestens eine Person bei ihnen beschäftigt ist,

1.   natürliche Personen sowie juristische Personen
     des öffentlichen und des privaten Rechts,

2.   rechtsfähige Personengesellschaften und

3.   sonstige, nicht in den Nummern 1 und 2 genannte
     rechtsfähige Personenvereinigungen.

(10) Private Beschäftigungsgeber sind Beschäftigungsgeber mit Ausnahme juristischer Personen des öffentlichen
Rechts und solcher Beschäftigungsgeber, die im Eigentum

oder unter der Kontrolle einer juristischen Person des öffentlichen Rechts stehen.

## § 4 Verhältnis zu sonstigen Bestimmungen

(1) Diesem Gesetz gehen spezifische Regelungen über die Mitteilung von Informationen über Verstöße in den folgenden Vorschriften vor:

1. § 6 Absatz 5 und § 53 des Geldwäschegesetzes,

2. § 25a Absatz 1 Satz 6 Nummer 3 des Kreditwesengesetzes und § 13 Absatz 1 des Wertpapierinstitutsgesetzes,

3. § 58 des Wertpapierhandelsgesetzes,

4. § 23 Absatz 6 des Versicherungsaufsichtsgesetzes,

5. § 28 Absatz 1 Satz 2 Nummer 9 und § 68 Absatz 4 Satz 3 des Kapitalanlagegesetzbuchs,

6. §§ 3b und 5 Absatz 8 des Börsengesetzes,

7. § 55b Absatz 2 Nummer 7 der Wirtschaftsprüferordnung,

8. Artikel 32 der Verordnung (EU) Nr. 596/2014 des Europäischen Parlaments und des Rates vom 16. April 2014 über Marktmissbrauch (Marktmissbrauchsverordnung) und zur Aufhebung der Richtlinie 2003/6/EG des Europäischen Parlaments und des Rates und der Richtlinien 2003/124/EG, 2003/125/EG und 2004/72/EG der Kommission (ABl. L 173 vom 12.6.2014, S. 1; L 287 vom 21.10.2016, S. 320; L 348 vom 21.12.2016, S. 83), die zuletzt durch die Delegierte Verordnung (EU) 2021/1783 (ABl. L 359 vom 11.10.2021, S. 1) geändert worden ist, in der jeweils geltenden Fassung,

9. Artikel 4 und 5 der Verordnung (EU) Nr. 376/2014 des Europäischen Parlaments und des Rates vom 3. April 2014 über die Meldung, Analyse und Weiterverfolgung von Ereignissen in der Zivilluftfahrt, zur Änderung der Verordnung

(EU) Nr. 996/2010 des Europäischen Parlaments und des Rates und zur Aufhebung der Richtlinie 2003/42/EG des Europäischen Parlaments und des Rates und der Verordnungen (EG) Nr. 1321/2007 und (EG) Nr. 1330/2007 der Kommission (ABl. L 122 vom 24.4.2014, S. 18), die zuletzt durch die Delegierte Verordnung (EU) 2020/2034 (ABl. L 416 vom 11.12.2020, S. 1) geändert worden ist, in der jeweils geltenden Fassung, und der aufgrund des § 32 Absatz 1 Nummer 1 des Luftverkehrsgesetzes erlassenen Rechtsverordnungen,

10. §§ 127 und 128 des Seearbeitsgesetzes,

11. § 14 Absatz 1 des Schiffssicherheitsgesetzes in Verbindung mit Abschnitt D Nummer 8 der Anlage zum Schiffssicherheitsgesetz und den aufgrund der §§ 9, 9a und 9c des Seeaufgabengesetzes erlassenen Rechtsverordnungen für Beschwerden, die die Sicherheit eines Schiffes unter ausländischer Flagge einschließlich der Sicherheit und Gesundheit seiner Besatzung, der Lebens- und Arbeitsbedingungen an Bord und der Verhütung von Verschmutzung durch Schiffe unter ausländischer Flagge betreffen, und

12. aufgrund des § 57c Satz 1 Nummer 1 und des § 68 Absatz 2 in Verbindung mit Absatz 3 und mit den §§ 65, 66 und 67 Nummer 1 und 8 und den §§ 126, 128 und 129 des Bundesberggesetzes erlassenen Rechtsverordnungen.

Soweit die spezifischen Regelungen in Satz 1 keine Vorgaben machen, gelten die Bestimmungen dieses Gesetzes.

(2) Das Verbraucherinformationsgesetz, das Informationsfreiheitsgesetz sowie Regelungen der Länder über den Zugang zu amtlichen Informationen finden keine Anwendung auf die Vorgänge nach diesem Gesetz. Satz 1 gilt nicht für die Regelungen des Bundes und der Länder über den Zugang zu Umweltinformationen.

(3) Die §§ 81h bis 81n des Gesetzes gegen Wettbewerbsbeschränkungen bleiben unberührt.

(4) Die Regelungen des Strafprozessrechts werden von den Vorgaben dieses Gesetzes nicht berührt.

## § 5 Vorrang von Sicherheitsinteressen sowie Verschwiegenheits- und Geheimhaltungspflichten[2]

(1) Eine Meldung oder Offenlegung fällt nicht in den Anwendungsbereich dieses Gesetzes, wenn sie folgende Informationen beinhaltet:

1. Informationen, die die nationale Sicherheit oder wesentliche Sicherheitsinteressen des Staates, insbesondere militärische oder sonstige sicherheitsempfindliche Belange des Geschäftsbereiches des Bundesministeriums der Verteidigung oder Kritische Infrastrukturen im Sinne der BSI-Kritisverordnung, betreffen,

2. Informationen von Nachrichtendiensten des Bundes oder der Länder oder von Behörden oder sonstigen öffentlichen Stellen des Bundes oder der Länder, soweit sie Aufgaben im Sinne des § 10 Nummer 3 des Sicherheitsüberprüfungsgesetzes oder im Sinne entsprechender Rechtsvorschriften der Länder wahrnehmen, oder

3. Informationen, die die Vergabe öffentlicher Aufträge und Konzessionen, die in den Anwendungsbereich des Artikels 346 des Vertrags über die Arbeitsweise der Europäischen Union fallen, betreffen.

(2) Eine Meldung oder Offenlegung fällt auch nicht in den Anwendungsbereich dieses Gesetzes, wenn ihr entgegenstehen:

---

[2] Zur Anwendung vgl. § 34d Abs. 12 Satz 3 GewO.

1. eine Geheimhaltungs- oder Vertraulichkeitspflicht zum materiellen oder organisatorischen Schutz von Verschlusssachen, es sei denn, es handelt sich um die Meldung eines Verstoßes nach § 2 Absatz 1 Nummer 1 an eine interne Meldestelle (§ 12), mit den Aufgaben der internen Meldestelle wurde kein Dritter nach § 14 Absatz 1 betraut und die betreffende Geheimhaltungs- oder Vertraulichkeitspflicht bezieht sich auf eine Verschlusssache des Bundes nach § 4 Absatz 2 Nummer 4 des Sicherheitsüberprüfungsgesetzes oder auf eine entsprechende Verschlusssache nach den Rechtsvorschriften der Länder,

2. das richterliche Beratungsgeheimnis,

3. die Pflichten zur Wahrung der Verschwiegenheit durch Rechtsanwälte, Verteidiger in einem gesetzlich geordneten Verfahren, Kammerrechtsbeistände, Patentanwälte und Notare,

4. die Pflichten zur Wahrung der Verschwiegenheit durch Ärzte, Zahnärzte, Apotheker und Angehörige eines anderen Heilberufs, der für die Berufsausübung oder die Führung der Berufsbezeichnung eine staatlich geregelte Ausbildung erfordert, mit Ausnahme von Tierärzten, soweit es um Verstöße gegen von § 2 Absatz 1 Nummer 3 Buchstabe k erfasste Rechtsvorschriften zum Schutz von gewerblich gehaltenen landwirtschaftlichen Nutztieren geht, oder

5. die Pflichten zur Wahrung der Verschwiegenheit durch Personen, die aufgrund eines Vertragsverhältnisses einschließlich der gemeinschaftlichen Berufsausübung, einer berufsvorbereitenden Tätigkeit oder einer sonstigen Hilfstätigkeit an der beruflichen Tätigkeit der in den Nummern 2, 3 und

4 genannten Berufsgeheimnisträger mitwirken.

## § 6 Verhältnis zu sonstigen Verschwiegenheits- und Geheimhaltungspflichten[3]

(1) Beinhaltet eine interne oder eine externe Meldung oder eine Offenlegung ein Geschäftsgeheimnis im Sinne des § 2 Nummer 1 des Gesetzes zum Schutz von Geschäftsgeheimnissen, so ist die Weitergabe des Geschäftsgeheimnisses an eine zuständige Meldestelle oder dessen Offenlegung erlaubt, sofern

1. die hinweisgebende Person hinreichenden Grund zu der Annahme hatte, dass die Weitergabe oder die Offenlegung des Inhalts dieser Informationen notwendig ist, um einen Verstoß aufzudecken, und

2. die Voraussetzungen des § 33 Absatz 1 Nummer 2 und 3 erfüllt sind.

(2) Vorbehaltlich der Vorgaben des § 5 dürfen Informationen, die einer vertraglichen Verschwiegenheitspflicht, einer Rechtsvorschrift des Bundes, eines Landes oder einem unmittelbar geltenden Rechtsakt der Europäischen Union über die Geheimhaltung oder über Verschwiegenheitspflichten, dem Steuergeheimnis nach § 30 der Abgabenordnung oder dem Sozialgeheimnis nach § 35 des Ersten Buches Sozialgesetzbuch unterliegen, an eine zuständige Meldestelle weitergegeben oder unter den Voraussetzungen des § 32 offengelegt werden, sofern

1. die hinweisgebende Person hinreichenden Grund zu der Annahme hatte, dass die Weitergabe oder die Offenlegung des Inhalts dieser Informationen notwendig ist, um einen Verstoß aufzudecken, und

---

[3] Zur Anwendung vgl. § 34d Abs. 12 Satz 3 GewO.

2. die Voraussetzungen des § 33 Absatz 1 Nummer 2 und 3 erfüllt sind.

(3) Personen, die im Rahmen ihrer Tätigkeit für eine Meldestelle Informationen erlangen, die einer vertraglichen Verschwiegenheitspflicht, einer Rechtsvorschrift des Bundes über die Geheimhaltung oder über Verschwiegenheitspflichten, dem Steuergeheimnis nach § 30 der Abgabenordnung oder dem Sozialgeheimnis nach § 35 des Ersten Buches Sozialgesetzbuch unterliegen, haben ab dem Zeitpunkt des Eingangs der Informationen

1. diese Verschwiegenheits- oder Geheimhaltungsvorschriften vorbehaltlich des Absatzes 4 anzuwenden und

2. die schutzwürdigen Belange Betroffener in gleicher Weise zu beachten wie sie die hinweisgebende Person zu beachten hat, die die Informationen der Meldestelle mitgeteilt hat.

(4) Meldestellen dürfen Geheimnisse im Sinne der Absätze 1 und 2 nur insoweit verwenden oder weitergeben, wie dies für das Ergreifen von Folgemaßnahmen erforderlich ist.

(5) In Bezug auf Informationen, die einer vertraglichen Verschwiegenheitspflicht unterliegen, gelten die Absätze 3 und 4 ab dem Zeitpunkt, zu dem Kenntnis von der Verschwiegenheitspflicht besteht.

# Abschnitt 2 Meldungen

## Unterabschnitt 1 Grundsätze

### § 7 Wahlrecht zwischen interner und externer Meldung[4]

(1) Personen, die beabsichtigen, Informationen über einen Verstoß zu melden, können wählen, ob sie sich an eine interne Meldestelle (§ 12) oder eine externe Meldestelle (§§ 19 bis 24) wenden. Diese Personen sollten in den Fällen, in denen intern wirksam gegen den Verstoß vorgegangen werden kann und sie keine Repressalien befürchten, die Meldung an eine interne Meldestelle bevorzugen. Wenn einem intern gemeldeten Verstoß nicht abgeholfen wurde, bleibt es der hinweisgebenden Person unbenommen, sich an eine externe Meldestelle zu wenden.

(2) Es ist verboten, Meldungen oder die auf eine Meldung folgende Kommunikation zwischen hinweisgebender Person und Meldestelle zu behindern oder dies zu versuchen.

(3) Beschäftigungsgeber, die nach § 12 Absatz 1 und 3 zur Einrichtung interner Meldestellen verpflichtet sind, sollen Anreize dafür schaffen, dass sich hinweisgebende Personen vor einer Meldung an eine externe Meldestelle zunächst an die jeweilige interne Meldestelle wenden. Diese Beschäftigungsgeber stellen für Beschäftigte klare und leicht zugängliche Informationen über die Nutzung des internen Meldeverfahrens bereit. Die Möglichkeit einer externen Meldung darf hierdurch nicht beschränkt oder erschwert werden.

### § 8 Vertraulichkeitsgebot[5]

(1) Die Meldestellen haben die Vertraulichkeit der Identität der folgenden Personen zu wahren:

---

[4] Zur Anwendung vgl. § 34d Abs. 12 Satz 3 GewO.

[5] Zur Anwendung vgl. § 34d Abs. 12 Satz 3 GewO.

1. der hinweisgebenden Person, sofern die gemeldeten Informationen Verstöße betreffen, die in den Anwendungsbereich dieses Gesetzes fallen, oder die hinweisgebende Person zum Zeitpunkt der Meldung hinreichenden Grund zu der Annahme hatte, dass dies der Fall sei,

2. der Personen, die Gegenstand einer Meldung sind, und

3. der sonstigen in der Meldung genannten Personen.

Die Identität der in Satz 1 genannten Personen darf ausschließlich den Personen, die für die Entgegennahme von Meldungen oder für das Ergreifen von Folgemaßnahmen zuständig sind, sowie den sie bei der Erfüllung dieser Aufgaben unterstützenden Personen bekannt werden.

(2) Das Gebot der Vertraulichkeit der Identität gilt unabhängig davon, ob die Meldestelle für die eingehende Meldung zuständig ist.

## § 9 Ausnahmen vom Vertraulichkeitsgebot[6]

(1) Die Identität einer hinweisgebenden Person, die vorsätzlich oder grob fahrlässig unrichtige Informationen über Verstöße meldet, wird nicht nach diesem Gesetz geschützt.

(2) Informationen über die Identität einer hinweisgebenden Person oder über sonstige Umstände, die Rückschlüsse auf die Identität dieser Person erlauben, dürfen abweichend von § 8 Absatz 1 an die zuständige Stelle weitergegeben werden

1. in Strafverfahren auf Verlangen der Strafverfolgungsbehörden,

---

[6] Zur Anwendung vgl. § 34d Abs. 12 Satz 3 GewO.

2.      aufgrund einer Anordnung in einem einer Meldung nachfolgenden Verwaltungsverfahren, einschließlich verwaltungsbehördlicher Bußgeldverfahren,

3.      aufgrund einer gerichtlichen Entscheidung,

4.      von der Bundesanstalt für Finanzdienstleistungsaufsicht als externe Meldestelle nach § 21 an die zuständigen Fachabteilungen innerhalb der Bundesanstalt für Finanzdienstleistungsaufsicht sowie bei in § 109a des Wertpapierhandelsgesetzes genannten Vorgängen an die in § 109a des Wertpapierhandelsgesetzes genannten Stellen oder

5.      von dem Bundeskartellamt als externe Meldestelle nach § 22 an die zuständigen Fachabteilungen innerhalb des Bundeskartellamtes sowie in den Fällen des § 49 Absatz 2 Satz 2 und Absatz 4 und § 50d des Gesetzes gegen Wettbewerbsbeschränkungen an die jeweils zuständige Wettbewerbsbehörde.

Die Meldestelle hat die hinweisgebende Person vorab über die Weitergabe zu informieren. Hiervon ist abzusehen, wenn die Strafverfolgungsbehörde, die zuständige Behörde oder das Gericht der Meldestelle mitgeteilt hat, dass durch die Information die entsprechenden Ermittlungen, Untersuchungen oder Gerichtsverfahren gefährdet würden. Der hinweisgebenden Person sind mit der Information zugleich die Gründe für die Weitergabe schriftlich oder elektronisch darzulegen.

(3) Über die Fälle des Absatzes 2 hinaus dürfen Informationen über die Identität der hinweisgebenden Person oder über sonstige Umstände, die Rückschlüsse auf die Identität dieser Person erlauben, weitergegeben werden, wenn

1.      die Weitergabe für Folgemaßnahmen erforderlich ist und

2.    die hinweisgebende Person zuvor in die Weitergabe eingewilligt hat.

Die Einwilligung nach Satz 1 Nummer 2 muss für jede ein-
zelne Weitergabe von Informationen über die Identität ge-
sondert und in Textform vorliegen. Die Regelung des § 26
Absatz 2 des Bundesdatenschutzgesetzes bleibt unberührt.

(4) Informationen über die Identität von Personen, die Gegenstand einer Meldung sind, und von sonstigen in der
Meldung genannten Personen dürfen abweichend von § 8
Absatz 1 an die jeweils zuständige Stelle weitergegeben
werden

1.    bei Vorliegen einer diesbezüglichen Einwilligung,

2.    von internen Meldestellen, sofern dies im Rahmen
interner Untersuchungen bei dem jeweiligen Beschäftigungsgeber oder in der jeweiligen Organisationseinheit erforderlich ist,

3.    sofern dies für das Ergreifen von Folgemaßnahmen erforderlich ist,

4.    in Strafverfahren auf Verlangen der Strafverfolgungsbehörde,

5.    aufgrund einer Anordnung in einem einer Meldung
nachfolgenden Verwaltungsverfahren, einschließlich verwaltungsbehördlicher Bußgeldverfahren,

6.    aufgrund einer gerichtlichen Entscheidung,

7.    von der Bundesanstalt für Finanzdienstleistungsaufsicht als externe Meldestelle nach § 21 an die
zuständigen Fachabteilungen innerhalb der Bundesanstalt für Finanzdienstleistungsaufsicht sowie
bei in § 109a des Wertpapierhandelsgesetzes genannten Vorgängen an die in § 109a des Wertpapierhandelsgesetzes genannten Stellen oder

8.    von dem Bundeskartellamt als externe Meldestelle nach § 22 an die zuständigen Fachabteilungen innerhalb des Bundeskartellamtes sowie in den Fällen des § 49 Absatz 2 Satz 2 und Absatz 4 und § 50d des Gesetzes gegen Wettbewerbsbeschränkungen an die jeweils zuständige Wettbewerbsbehörde.

## § 10 Verarbeitung personenbezogener Daten[7]

Die Meldestellen sind befugt, personenbezogene Daten zu verarbeiten, soweit dies zur Erfüllung ihrer in den §§ 13 und 24 bezeichneten Aufgaben erforderlich ist. Abweichend von Artikel 9 Absatz 1 der Verordnung (EU) 2016/679 ist die Verarbeitung besonderer Kategorien personenbezogener Daten durch eine Meldestelle zulässig, wenn dies zur Erfüllung ihrer Aufgaben erforderlich ist. In diesem Fall hat die Meldestelle spezifische und angemessene Maßnahmen zur Wahrung der Interessen der betroffenen Person vorzusehen; § 22 Absatz 2 Satz 2 des Bundesdatenschutzgesetzes ist entsprechend anzuwenden.

## § 11 Dokumentation der Meldungen[8]

(1) Die Personen, die in einer Meldestelle für die Entgegennahme von Meldungen zuständig sind, dokumentieren alle eingehenden Meldungen in dauerhaft abrufbarer Weise unter Beachtung des Vertraulichkeitsgebots (§ 8).

(2) Bei telefonischen Meldungen oder Meldungen mittels einer anderen Art der Sprachübermittlung darf eine dauerhaft abrufbare Tonaufzeichnung des Gesprächs oder dessen vollständige und genaue Niederschrift (Wortprotokoll) nur mit Einwilligung der hinweisgebenden Person erfolgen. Liegt eine solche Einwilligung nicht vor, ist die Meldung durch eine von der für die Bearbeitung der Meldung verantwortlichen Person zu erstellende Zusammenfassung ihres Inhalts (Inhaltsprotokoll) zu dokumentieren.

---

[7] Zur Anwendung vgl. § 34d Abs. 12 Satz 3 GewO.

[8] Zur Anwendung vgl. § 34d Abs. 12 Satz 3 GewO.

(3) Erfolgt die Meldung im Rahmen einer Zusammenkunft gemäß § 16 Absatz 3 oder § 27 Absatz 3, darf mit Zustimmung der hinweisgebenden Person eine vollständige und genaue Aufzeichnung der Zusammenkunft erstellt und aufbewahrt werden. Die Aufzeichnung kann durch Erstellung einer Tonaufzeichnung des Gesprächs in dauerhaft abrufbarer Form oder durch ein von der für die Bearbeitung der Meldung verantwortlichen Person erstelltes Wortprotokoll der Zusammenkunft erfolgen.

(4) Der hinweisgebenden Person ist Gelegenheit zu geben, das Protokoll zu überprüfen, gegebenenfalls zu korrigieren und es durch ihre Unterschrift oder in elektronischer Form zu bestätigen. Wird eine Tonaufzeichnung zur Anfertigung eines Protokolls verwendet, so ist sie zu löschen, sobald das Protokoll fertiggestellt ist.

(5) Die Dokumentation wird drei Jahre nach Abschluss des Verfahrens gelöscht. Die Dokumentation kann länger aufbewahrt werden, um die Anforderungen nach diesem Gesetz oder nach anderen Rechtsvorschriften zu erfüllen, solange dies erforderlich und verhältnismäßig ist.

## Unterabschnitt 2 Interne Meldungen

## § 12 Pflicht zur Einrichtung interner Meldestellen

(1) Beschäftigungsgeber haben dafür zu sorgen, dass bei ihnen mindestens eine Stelle für interne Meldungen eingerichtet ist und betrieben wird, an die sich Beschäftigte wenden können (interne Meldestelle). Ist der Bund oder ein Land Beschäftigungsgeber, bestimmen die obersten Bundes- oder Landesbehörden Organisationseinheiten in Form von einzelnen oder mehreren Behörden, Verwaltungsstellen, Betrieben oder Gerichten. Die Pflicht nach Satz 1 gilt sodann für die Einrichtung und den Betrieb der internen Meldestelle bei den jeweiligen Organisationseinheiten. Für Gemeinden und Gemeindeverbände und solche Beschäftigungsgeber, die im Eigentum oder unter der Kontrolle von Gemeinden und Gemeindeverbänden stehen, gilt die Pflicht

zur Einrichtung und zum Betrieb interner Meldestellen nach Maßgabe des jeweiligen Landesrechts.

(2) Die Pflicht nach Absatz 1 Satz 1 gilt nur für Beschäftigungsgeber mit jeweils in der Regel mindestens 50 Beschäftigten.

(3) Abweichend von Absatz 2 gilt die Pflicht nach Absatz 1 Satz 1 unabhängig von der Zahl der Beschäftigten für

1. Wertpapierdienstleistungsunternehmen im Sinne des § 2 Absatz 10 des Wertpapierhandelsgesetzes,

2. Datenbereitstellungsdienste im Sinne des § 2 Absatz 40 des Wertpapierhandelsgesetzes,

3. Börsenträger im Sinne des Börsengesetzes,

4. Institute im Sinne des § 1 Absatz 1b des Kreditwesengesetzes und Institute im Sinne des § 2 Absatz 1 des Wertpapierinstitutsgesetzes,

5. Gegenparteien im Sinne des Artikels 3 Nummer 2 der Verordnung (EU) 2015/2365 des Europäischen Parlaments und des Rates vom 25. November 2015 über die Transparenz von Wertpapierfinanzierungsgeschäften und der Weiterverwendung sowie zur Änderung der Verordnung (EU) Nr. 648/2012 (ABl. L 337 vom 23.12.2015, S. 1), die zuletzt durch die Verordnung (EU) 2021/23 (ABl. L 22 vom 22.1.2021, S. 1) geändert worden ist, in der jeweils geltenden Fassung,

6. Kapitalverwaltungsgesellschaften gemäß § 17 Absatz 1 des Kapitalanlagegesetzbuchs sowie

7. Unternehmen gemäß § 1 Absatz 1 des Versicherungsaufsichtsgesetzes mit Ausnahme der nach den §§ 61 bis 66a des Versicherungsaufsichtsgesetzes tätigen Unternehmen mit Sitz in einem an-

deren Mitgliedstaat der Europäischen Union oder einem anderen Vertragsstaat des Abkommens über den Europäischen Wirtschaftsraum.

(4) Die nach Absatz 1 Satz 1 verpflichteten Beschäftigungsgeber erteilen der internen Meldestelle die notwendigen Befugnisse, um ihre Aufgaben wahrzunehmen, insbesondere, um Meldungen zu prüfen und Folgemaßnahmen zu ergreifen. Ist der Beschäftigungsgeber der Bund oder ein Land, gilt Satz 1 für die jeweiligen Organisationseinheiten entsprechend.

## § 13 Aufgaben der internen Meldestellen

(1) Die internen Meldestellen betreiben Meldekanäle nach § 16, führen das Verfahren nach § 17 und ergreifen Folgemaßnahmen nach § 18.

(2) Die internen Meldestellen halten für Beschäftigte klare und leicht zugängliche Informationen über externe Meldeverfahren gemäß Unterabschnitt 3 und einschlägige Meldeverfahren von Organen, Einrichtungen oder sonstigen Stellen der Europäischen Union bereit.

## § 14 Organisationsformen interner Meldestellen

(1) Eine interne Meldestelle kann eingerichtet werden, indem eine bei dem jeweiligen Beschäftigungsgeber oder bei der jeweiligen Organisationseinheit beschäftigte Person, eine aus mehreren beschäftigten Personen bestehende Arbeitseinheit oder ein Dritter mit den Aufgaben einer internen Meldestelle betraut wird. Die Betrauung eines Dritten mit den Aufgaben einer internen Meldestelle entbindet den betrauenden Beschäftigungsgeber nicht von der Pflicht, selbst geeignete Maßnahmen zu ergreifen, um einen etwaigen Verstoß abzustellen. Ist der Beschäftigungsgeber der Bund oder ein Land, gilt Satz 2 für die jeweiligen Organisationseinheiten entsprechend.

(2) Mehrere private Beschäftigungsgeber mit in der Regel 50 bis 249 Beschäftigten können für die Entgegennahme

von Meldungen und für die weiteren nach diesem Gesetz vorgesehenen Maßnahmen eine gemeinsame Stelle einrichten und betreiben. Die Pflicht, Maßnahmen zu ergreifen, um den Verstoß abzustellen, und die Pflicht zur Rückmeldung an die hinweisgebende Person verbleiben bei dem einzelnen Beschäftigungsgeber.

## § 15 Unabhängige Tätigkeit; notwendige Fachkunde

(1) Die mit den Aufgaben einer internen Meldestelle beauftragten Personen sind bei der Ausübung ihrer Tätigkeit unabhängig. Sie dürfen neben ihrer Tätigkeit für die interne Meldestelle andere Aufgaben und Pflichten wahrnehmen. Es ist dabei sicherzustellen, dass derartige Aufgaben und Pflichten nicht zu Interessenkonflikten führen.

(2) Beschäftigungsgeber tragen dafür Sorge, dass die mit den Aufgaben einer internen Meldestelle beauftragten Personen über die notwendige Fachkunde verfügen. Ist der Beschäftigungsgeber der Bund oder ein Land, gilt Satz 1 für die jeweiligen Organisationseinheiten entsprechend.

## § 16 Meldekanäle für interne Meldestellen

(1) Nach § 12 zur Einrichtung interner Meldestellen verpflichtete Beschäftigungsgeber richten für diese Meldekanäle ein, über die sich Beschäftigte und dem Beschäftigungsgeber überlassene Leiharbeitnehmerinnen und Leiharbeitnehmer an die internen Meldestellen wenden können, um Informationen über Verstöße zu melden. Ist der Beschäftigungsgeber der Bund oder ein Land, gilt Satz 1 für die jeweiligen Organisationseinheiten entsprechend. Der interne Meldekanal kann so gestaltet werden, dass er darüber hinaus auch natürlichen Personen offensteht, die im Rahmen ihrer beruflichen Tätigkeiten mit dem jeweiligen zur Einrichtung der internen Meldestelle verpflichteten Beschäftigungsgeber oder mit der jeweiligen Organisationseinheit in Kontakt stehen. Die interne Meldestelle sollte auch anonym eingehende Meldungen bearbeiten. Es besteht allerdings keine Verpflichtung, die Meldekanäle so zu gestalten, dass sie die Abgabe anonymer Meldungen ermöglichen.

(2)[9] Die Meldekanäle sind so zu gestalten, dass nur die für die Entgegennahme und Bearbeitung der Meldungen zuständigen sowie die sie bei der Erfüllung dieser Aufgaben unterstützenden Personen Zugriff auf die eingehenden Meldungen haben.

(3) Interne Meldekanäle müssen Meldungen in mündlicher oder in Textform ermöglichen. Mündliche Meldungen müssen per Telefon oder mittels einer anderen Art der Sprachübermittlung möglich sein. Auf Ersuchen der hinweisgebenden Person ist für eine Meldung innerhalb einer angemessenen Zeit eine persönliche Zusammenkunft mit einer für die Entgegennahme einer Meldung zuständigen Person der internen Meldestelle zu ermöglichen. Mit Einwilligung der hinweisgebenden Person kann die Zusammenkunft auch im Wege der Bild- und Tonübertragung erfolgen.

## § 17 Verfahren bei internen Meldungen[10]

(1) Die interne Meldestelle

1.  bestätigt der hinweisgebenden Person den Eingang einer Meldung spätestens nach sieben Tagen,

2.  prüft, ob der gemeldete Verstoß in den sachlichen Anwendungsbereich nach § 2 fällt,

3.  hält mit der hinweisgebenden Person Kontakt,

4.  prüft die Stichhaltigkeit der eingegangenen Meldung,

5.  ersucht die hinweisgebende Person erforderlichenfalls um weitere Informationen und

---

[9] Zur Geltung vgl. § 27 Abs. 1 Satz 2.

[10] § 17 Abs. 2 Satz 2 und 3: Zur Geltung vgl. § 28 Abs. 4 Satz 5.

6. ergreift angemessene Folgemaßnahmen nach § 18.

(2) Die interne Meldestelle gibt der hinweisgebenden Person innerhalb von drei Monaten nach der Bestätigung des Eingangs der Meldung oder, wenn der Eingang nicht bestätigt wurde, spätestens drei Monate und sieben Tage nach Eingang der Meldung eine Rückmeldung. Die Rückmeldung umfasst die Mitteilung geplanter sowie bereits ergriffener Folgemaßnahmen sowie die Gründe für diese. Eine Rückmeldung an die hinweisgebende Person darf nur insoweit erfolgen, als dadurch interne Nachforschungen oder Ermittlungen nicht berührt und die Rechte der Personen, die Gegenstand einer Meldung sind oder die in der Meldung genannt werden, nicht beeinträchtigt werden.

## § 18 Folgemaßnahmen der internen Meldestelle

Als Folgemaßnahmen kann die interne Meldestelle insbesondere

1. interne Untersuchungen bei dem Beschäftigungsgeber oder bei der jeweiligen Organisationseinheit durchführen und betroffene Personen und Arbeitseinheiten kontaktieren,

2. die hinweisgebende Person an andere zuständige Stellen verweisen,

3. das Verfahren aus Mangel an Beweisen oder aus anderen Gründen abschließen oder

4. das Verfahren zwecks weiterer Untersuchungen abgeben an

   a) eine bei dem Beschäftigungsgeber oder bei der jeweiligen Organisationseinheit für interne Ermittlungen zuständige Arbeitseinheit oder

b) eine zuständige Behörde.

## Unterabschnitt 3 Externe Meldestellen

### § 19 Errichtung und Zuständigkeit einer externen Meldestelle des Bundes

(1) Der Bund errichtet beim Bundesamt für Justiz eine Stelle für externe Meldungen (externe Meldestelle des Bundes). Die externe Meldestelle des Bundes ist organisatorisch vom übrigen Zuständigkeitsbereich des Bundesamts für Justiz getrennt.

(2) Die Aufgaben der externen Meldestelle des Bundes werden unabhängig von den sonstigen Aufgaben des Bundesamts für Justiz wahrgenommen. Die Dienstaufsicht über die externe Meldestelle des Bundes führt die Präsidentin oder der Präsident des Bundesamts für Justiz. Die externe Meldestelle des Bundes untersteht einer Dienstaufsicht nur, soweit nicht ihre Unabhängigkeit beeinträchtigt wird.

(3) Der externen Meldestelle des Bundes ist die für die Erfüllung ihrer Aufgaben notwendige Personal- und Sachausstattung zur Verfügung zu stellen.

(4) Die externe Meldestelle des Bundes ist zuständig, soweit nicht eine externe Meldestelle nach den §§ 20 bis 23 zuständig ist.

### § 20 Errichtung und Zuständigkeit externer Meldestellen der Länder

Jedes Land kann eine eigene externe Meldestelle einrichten für Meldungen, die die jeweilige Landesverwaltung und die jeweiligen Kommunalverwaltungen betreffen.

## § 21 Bundesanstalt für Finanzdienstleistungsaufsicht als externe Meldestelle

Die Bundesanstalt für Finanzdienstleistungsaufsicht ist zuständige externe Meldestelle für

1. Meldungen, die von § 4d des Finanzdienstleistungsaufsichtsgesetzes erfasst werden, einschließlich Meldungen, die Vorschriften des Wertpapiererwerbs- und Übernahmegesetzes betreffen,

2. Meldungen von Informationen über Verstöße

   a) nach § 2 Absatz 1 Nummer 3 Buchstabe a, soweit die Bundesanstalt für Finanzdienstleistungsaufsicht zuständige Behörde im Sinne des § 50 Absatz 1 Nummer 1 oder Nummer 2 des Geldwäschegesetzes ist, sowie

   b) nach § 2 Absatz 1 Nummer 3 Buchstabe r bis t.

Für die über dieses Gesetz hinausgehende nähere Ausgestaltung der Organisation und des Verfahrens der Bundesanstalt für Finanzdienstleistungsaufsicht als externe Meldestelle gilt § 4d des Finanzdienstleistungsaufsichtsgesetzes.

## § 22 Bundeskartellamt als externe Meldestelle

(1) Das Bundeskartellamt ist zuständige externe Meldestelle für Meldungen von Informationen über Verstöße nach § 2 Absatz 1 Nummer 8 und 9. § 7 Absatz 1 Satz 3 findet mit der Maßgabe Anwendung, dass sich die hinweisgebende Person jederzeit und unabhängig vom Ausgang des Verfahrens über die interne Meldung an das Bundeskartellamt wenden kann.

(2) Die Befugnisse des Bundeskartellamts nach anderen Vorschriften bleiben unberührt.

## § 23 Weitere externe Meldestellen

(1) Der Bund richtet eine weitere externe Meldestelle ein für externe Meldungen, die die externe Meldestelle des Bundes nach § 19 betreffen.

(2) Für Meldungen, die eine externe Meldestelle nach den §§ 20 bis 22 betreffen, ist weitere externe Meldestelle die externe Meldestelle des Bundes nach § 19.

## § 24 Aufgaben der externen Meldestellen[11]

(1) Die externen Meldestellen errichten und betreiben Meldekanäle nach § 27, prüfen die Stichhaltigkeit einer Meldung und führen das Verfahren nach § 28.

(2) Die externen Meldestellen bieten natürlichen Personen, die in Erwägung ziehen, eine Meldung zu erstatten, umfassende und unabhängige Informationen und Beratung über bestehende Abhilfemöglichkeiten und Verfahren für den Schutz vor Repressalien. Dabei informieren die externen Meldestellen insbesondere auch über die Möglichkeit einer internen Meldung.

(3) Die externen Meldestellen veröffentlichen in einem gesonderten, leicht erkennbaren und leicht zugänglichen Abschnitt ihres Internetauftritts

1. die Voraussetzungen für den Schutz nach Maßgabe dieses Gesetzes,

2. Erläuterungen zum Meldeverfahren sowie die Art der möglichen Folgemaßnahmen nach § 29,

3. die geltende Vertraulichkeitsregelung für Meldungen und Informationen über die Verarbeitung personenbezogener Daten,

---

[11] Zur Anwendung vgl. § 34d Abs. 12 Satz 3 GewO.

4. Informationen über die verfügbaren Abhilfemöglichkeiten und Verfahren zum Schutz vor Repressalien sowie die Verfügbarkeit einer vertraulichen Beratung von Personen, die in Erwägung ziehen, eine Meldung zu erstatten,

5. eine leicht verständliche Erläuterung dazu, unter welchen Voraussetzungen Personen, die eine Meldung an die externe Meldestelle richten, nicht wegen Verletzung der Verschwiegenheits- und Geheimhaltungspflichten haftbar gemacht werden können,

6. ihre Erreichbarkeiten, insbesondere E-Mail-Adresse, Postanschrift und Telefonnummer, sowie die Angabe, ob Telefongespräche aufgezeichnet werden.

(4) Die externen Meldestellen halten klare und leicht zugängliche Informationen über ihre jeweiligen Meldeverfahren bereit, auf die interne Meldestellen zugreifen oder verweisen können, um ihrer Pflicht nach § 13 Absatz 2 nachzukommen. Die externe Meldestelle des Bundes hält zudem klare und leicht zugängliche Informationen über die in § 13 Absatz 2 genannten Meldeverfahren bereit, auf die interne Meldestellen zugreifen oder verweisen können, um ihrer Pflicht nach § 13 Absatz 2 nachzukommen.

## § 25 Unabhängige Tätigkeit; Schulung[12]

(1) Die externen Meldestellen arbeiten im Rahmen ihrer Aufgaben und Befugnisse fachlich unabhängig und von den internen Meldestellen getrennt. Die Aufsicht über sie erstreckt sich auf die Beachtung von Gesetz und sonstigem Recht.

(2) Die für die Bearbeitung von Meldungen zuständigen Personen werden regelmäßig für diese Aufgabe geschult. Sie dürfen neben ihrer Tätigkeit für eine externe Meldestelle

---

[12] Zur Anwendung vgl. § 34d Abs. 12 Satz 3 GewO.

andere Aufgaben und Pflichten wahrnehmen. Es ist dabei sicherzustellen, dass derartige Aufgaben und Pflichten nicht zu einem Interessenkonflikt führen.

## § 26 Berichtspflichten der externen Meldestellen

(1) Die externen Meldestellen berichten jährlich in zusammengefasster Form über die eingegangenen Meldungen. Der Bericht darf keine Rückschlüsse auf die beteiligten Personen oder Unternehmen zulassen. Er ist der Öffentlichkeit zugänglich zu machen.

(2) Für den Bericht erfassen die externen Meldestellen die folgenden Daten und weisen sie im Bericht aus:

1. die Anzahl der eingegangenen Meldungen,

2. die Anzahl der Fälle, in denen interne Untersuchungen bei den betroffenen Unternehmen oder Behörden eingeleitet wurden,

3. die Anzahl der Fälle, die Ermittlungen einer Staatsanwaltschaft oder ein gerichtliches Verfahren zur Folge hatten, und

4. die Anzahl der Fälle, die eine Abgabe an eine sonstige zuständige Stelle zur Folge hatten.

(3) Die externe Meldestelle des Bundes nach § 19 übermittelt ihren Jahresbericht darüber hinaus dem Deutschen Bundestag, dem Bundesrat und der Bundesregierung und übermittelt eine Zusammenstellung der Berichte nach den Absätzen 1 und 2 der Europäischen Kommission.

## Unterabschnitt 4 Externe Meldungen

### § 27 Meldekanäle für externe Meldestellen[13]

(1) Für externe Meldestellen werden Meldekanäle eingerichtet, über die sich hinweisgebende Personen an die externen Meldestellen wenden können, um Informationen über Verstöße zu melden. § 16 Absatz 2 gilt entsprechend. Die externe Meldestelle sollte auch anonym eingehende Meldungen bearbeiten. Vorbehaltlich spezialgesetzlicher Regelungen besteht allerdings keine Verpflichtung, die Meldekanäle so zu gestalten, dass sie die Abgabe anonymer Meldungen ermöglichen.

(2) Wird eine Meldung bei einer externen Meldestelle von anderen als den für die Bearbeitung zuständigen Personen entgegengenommen, so ist sie unverzüglich, unverändert und unmittelbar an die für die Bearbeitung zuständigen Personen weiterzuleiten.

(3) Externe Meldekanäle müssen Meldungen in mündlicher und in Textform ermöglichen. Mündliche Meldungen müssen per Telefon oder mittels einer anderen Art der Sprachübermittlung möglich sein. Auf Ersuchen der hinweisgebenden Person ist für eine Meldung innerhalb einer angemessenen Zeit eine persönliche Zusammenkunft mit den für die Entgegennahme einer Meldung zuständigen Personen der externen Meldestelle zu ermöglichen. Mit Einwilligung der hinweisgebenden Person kann die Zusammenkunft auch im Wege der Bild- und Tonübertragung erfolgen.

### § 28 Verfahren bei externen Meldungen[14]

(1) Die externen Meldestellen bestätigen den Eingang einer Meldung umgehend, spätestens jedoch sieben Tage nach Eingang der Meldung. Eine Eingangsbestätigung erfolgt nicht, wenn die hinweisgebende Person darauf ausdrücklich verzichtet oder wenn hinreichender Grund zu der An-

---

[13] Zur Anwendung vgl. § 34d Abs. 12 Satz 3 GewO.

[14] Zur Anwendung vgl. § 34d Abs. 12 Satz 3 GewO.

nahme besteht, dass die Eingangsbestätigung den Schutz der Identität der hinweisgebenden Person beeinträchtigen würde. In für ein internes Meldeverfahren geeigneten Fällen weisen die externen Meldestellen zusammen mit der Eingangsbestätigung die hinweisgebende Person auf die Möglichkeit einer internen Meldung hin.

(2) Die externen Meldestellen prüfen, ob der gemeldete Verstoß in den sachlichen Anwendungsbereich nach § 2 fällt und keine Ausnahmen vom Anwendungsbereich dieses Gesetzes nach § 5 greifen. Ist dies der Fall, prüfen sie die Stichhaltigkeit der Meldung und ergreifen angemessene Folgemaßnahmen nach § 29.

(3) Für die Akteneinsicht durch Beteiligte im Sinne dieses Gesetzes gilt § 29 des Verwaltungsverfahrensgesetzes. Bestehende Verschwiegenheits- und Geheimhaltungspflichten im Sinne des § 6 Absatz 3 sind zu beachten. Für die hinweisgebende Person gelten die Sätze 1 und 2 entsprechend; hierbei ist sicherzustellen, dass die Rechte der Personen, die Gegenstand einer Meldung sind oder die in der Meldung genannt werden, nicht beeinträchtigt werden.

(4) Die hinweisgebende Person erhält auf ihre Meldung hin innerhalb einer angemessenen Zeit eine Rückmeldung. Diese erfolgt spätestens nach drei Monaten. In Fällen, in denen die Bearbeitung umfangreich ist, beträgt diese Frist sechs Monate. Die Gründe für die Verlängerung der Frist sind der hinweisgebenden Person mitzuteilen. § 17 Absatz 2 Satz 2 und 3 gilt entsprechend.

(5) Meldungen über Verstöße von besonderer Schwere können vorrangig behandelt werden. Die Fristen des Absatzes 4 für eine Rückmeldung bleiben davon unberührt.

## § 29 Folgemaßnahmen der externen Meldestellen[15]

(1) Die externen Meldestellen können nach pflichtgemäßem Ermessen Auskünfte von den betroffenen natürlichen Personen, von dem betroffenen Beschäftigungsgeber, von Dritten sowie von Behörden verlangen, soweit dies zur Überprüfung der Stichhaltigkeit der Meldung erforderlich ist. Für die Beantwortung des Auskunftsverlangens ist eine angemessene Frist zu gewähren. Für Auskunftsverlangen nach Satz 1 gelten das Zeugnisverweigerungsrecht nach den §§ 53 und 53a und das Auskunftsverweigerungsrecht nach § 55 der Strafprozessordnung entsprechend. Für die Beantwortung von Auskunftsverlangen wird auf Antrag eine Entschädigung entsprechend den Vorschriften des Justizvergütungs- und -entschädigungsgesetzes über die Entschädigung von Zeugen gewährt. § 23 Absatz 2 Satz 2 des Justizvergütungs- und -entschädigungsgesetzes gilt entsprechend.

(2) Als weitere Folgemaßnahmen können die externen Meldestellen nach pflichtgemäßem Ermessen

1. betroffene Beschäftigungsgeber kontaktieren,

2. die hinweisgebende Person an andere zuständige Stellen verweisen,

3. das Verfahren aus Mangel an Beweisen oder aus anderen Gründen abschließen oder

4. das Verfahren an eine zuständige Behörde zwecks weiterer Untersuchungen abgeben.

---

[15] Zur Anwendung vgl. § 34d Abs. 12 Satz 3 GewO.

## § 30 Zusammenarbeit mit anderen öffentlichen Stellen[16]

Die externen Meldestellen sowie die sonstigen öffentlichen Stellen, die für die Aufklärung, Verhütung und Verfolgung von Verstößen im Anwendungsbereich dieses Gesetzes zuständig sind, arbeiten zur Durchführung dieses Gesetzes zusammen und unterstützen sich gegenseitig. Spezielle gesetzliche Regelungen zur Zusammenarbeit öffentlicher Stellen bleiben hiervon unberührt.

## § 31 Abschluss des Verfahrens[17]

(1) Hat eine externe Meldestelle die Stichhaltigkeit einer Meldung geprüft und das Verfahren nach § 28 geführt, schließt sie das Verfahren ab.

(2) Ist eine externe Meldestelle nicht zuständig für eine Meldung oder ist es ihr nicht möglich, dem gemeldeten Verstoß innerhalb einer angemessenen Zeit weiter nachzugehen, so leitet sie die Meldung unverzüglich unter Wahrung der Vertraulichkeit der Identität der hinweisgebenden Person an die jeweilige für die Aufklärung, Verhütung und Verfolgung des Verstoßes zuständige Stelle weiter. Dies gilt auch für Meldungen, für deren Weiterverfolgung nach § 4 Absatz 1 die externe Meldestelle nicht zuständig ist. Über die Weiterleitung setzt die externe Meldestelle die hinweisgebende Person unverzüglich in Kenntnis. Ist die Weiterleitung unter Wahrung der Vertraulichkeit der Identität nicht möglich, ist § 9 Absatz 3 zu beachten.

(3) Kommt eine externe Meldestelle zu dem Ergebnis, dass ein gemeldeter Verstoß als geringfügig anzusehen ist, so kann sie nach pflichtgemäßem Ermessen das Verfahren abschließen.

(4) Betrifft eine Meldung einen Sachverhalt, zu dem bereits ein Verfahren nach diesem Gesetz abgeschlossen wurde,

---

[16] Zur Anwendung vgl. § 34d Abs. 12 Satz 3 GewO.

[17] Zur Anwendung vgl. § 34d Abs. 12 Satz 3 GewO.

so kann eine externe Meldestelle nach pflichtgemäßem Ermessen das Verfahren abschließen, wenn die Meldung keine neuen Tatsachen enthält. Dies gilt nicht, wenn neue rechtliche oder sachliche Umstände ein anderes Vorgehen rechtfertigen.

(5) Schließt eine externe Meldestelle das Verfahren nach Absatz 3 oder Absatz 4 ab, teilt sie der hinweisgebenden Person die Entscheidung und die Gründe für die Entscheidung unverzüglich mit. Die externe Meldestelle soll die Entscheidung nach Satz 1 unter Wahrung der Vertraulichkeit der Identität der in § 8 Absatz 1 genannten Personen dem betroffenen Beschäftigungsgeber mitteilen, wenn dieser zuvor gemäß § 29 Absatz 2 Nummer 1 von der externen Meldestelle kontaktiert wurde.

(6) Eine externe Meldestelle teilt der hinweisgebenden Person das Ergebnis der durch die Meldung ausgelösten Untersuchungen nach deren Abschluss mit, soweit dies mit gesetzlichen Verschwiegenheitspflichten vereinbar ist. Absatz 5 Satz 2 ist anzuwenden.

(7) Für Streitigkeiten wegen der Entscheidungen einer externen Meldestelle nach den Absätzen 1 bis 6 ist der Verwaltungsrechtsweg gegeben. Vor Erhebung einer Klage bedarf es keiner Nachprüfung in einem Vorverfahren.

## Abschnitt 3 Offenlegung

### § 32 Offenlegen von Informationen

(1) Personen, die Informationen über Verstöße offenlegen, fallen unter die Schutzmaßnahmen dieses Gesetzes, wenn sie

1. zunächst gemäß Abschnitt 2 Unterabschnitt 4 eine externe Meldung erstattet haben und

a) hierauf innerhalb der Fristen für eine Rückmeldung nach § 28 Absatz 4 keine geeigneten Folgemaßnahmen nach § 29 ergriffen wurden oder

b) sie keine Rückmeldung über das Ergreifen solcher Folgemaßnahmen erhalten haben oder

2. hinreichenden Grund zu der Annahme hatten, dass

a) der Verstoß wegen eines Notfalls, der Gefahr irreversibler Schäden oder vergleichbarer Umstände eine unmittelbare oder offenkundige Gefährdung des öffentlichen Interesses darstellen kann,

b) im Fall einer externen Meldung Repressalien zu befürchten sind oder

c) Beweismittel unterdrückt oder vernichtet werden könnten, Absprachen zwischen der zuständigen externen Meldestelle und dem Urheber des Verstoßes bestehen könnten oder aufgrund sonstiger besonderer Umstände die Aussichten gering sind, dass die externe Meldestelle wirksame Folgemaßnahmen nach § 29 einleiten wird.

(2) Das Offenlegen unrichtiger Informationen über Verstöße ist verboten.

## Abschnitt 4 Schutzmaßnahmen

## § 33 Voraussetzungen für den Schutz hinweisgebender Personen

(1) Die §§ 35 bis 37 sind auf hinweisgebende Personen anwendbar, sofern

1.  diese intern gemäß § 17 oder extern gemäß § 28 Meldung erstattet haben oder eine Offenlegung gemäß § 32 vorgenommen haben,

2.  die hinweisgebende Person zum Zeitpunkt der Meldung oder Offenlegung hinreichenden Grund zu der Annahme hatte, dass die von ihr gemeldeten oder offengelegten Informationen der Wahrheit entsprechen, und

3.  die Informationen Verstöße betreffen, die in den Anwendungsbereich dieses Gesetzes fallen, oder die hinweisgebende Person zum Zeitpunkt der Meldung oder Offenlegung hinreichenden Grund zu der Annahme hatte, dass dies der Fall sei.

(2) Die §§ 35 bis 37 sind unter den Voraussetzungen des Absatzes 1 auch anwendbar auf Personen, die zuständigen Organen, Einrichtungen oder sonstigen Stellen der Europäischen Union in den Anwendungsbereich dieses Gesetzes fallende Verstöße gegen das Unionsrecht melden.

## § 34 Weitere geschützte Personen

(1) Die §§ 35 bis 37 gelten entsprechend für natürliche Personen, die die hinweisgebende Person bei einer internen oder externen Meldung oder einer Offenlegung im beruflichen Zusammenhang vertraulich unterstützen, sofern die gemeldeten oder offengelegten Informationen

1.  zutreffend sind oder die unterstützende Person zum Zeitpunkt der Unterstützung hinreichenden Grund zu der Annahme hatte, dass die von der hinweisgebenden Person gemeldeten oder offengelegten Informationen der Wahrheit entsprachen, und

2. Verstöße betreffen, die in den Anwendungsbereich dieses Gesetzes fallen, oder die unterstützende Person zum Zeitpunkt der Unterstützung hinreichenden Grund zu der Annahme hatte, dass dies der Fall sei.

(2) Sofern die Voraussetzungen des § 33 erfüllt sind, gelten die §§ 35 bis 37 entsprechend für

1. Dritte, die mit der hinweisgebenden Person in Verbindung stehen und in einem beruflichen Zusammenhang Repressalien erlitten haben, es sei denn, diese beruhen nicht auf der Meldung oder Offenlegung durch die hinweisgebende Person, und

2. juristische Personen, rechtsfähige Personengesellschaften und sonstige rechtsfähige Personenvereinigungen, die mit der hinweisgebenden Person infolge einer Beteiligung rechtlich verbunden sind oder für die die hinweisgebende Person tätig ist oder mit denen sie in einem beruflichen Kontext anderweitig in Verbindung steht.

## § 35 Ausschluss der Verantwortlichkeit

(1) Eine hinweisgebende Person kann nicht für die Beschaffung von oder den Zugriff auf Informationen, die sie gemeldet oder offengelegt hat, rechtlich verantwortlich gemacht werden, sofern die Beschaffung nicht als solche oder der Zugriff nicht als solcher eine eigenständige Straftat darstellt.

(2) Eine hinweisgebende Person verletzt keine Offenlegungsbeschränkungen und kann nicht für die bei einer Meldung oder Offenlegung erfolgte Weitergabe von Informationen rechtlich verantwortlich gemacht werden, sofern sie hinreichenden Grund zu der Annahme hatte, dass die Weitergabe der Informationen erforderlich war, um einen Verstoß aufzudecken.

## § 36 Verbot von Repressalien; Beweislastumkehr

(1) Gegen hinweisgebende Personen gerichtete Repressalien sind verboten. Das gilt auch für die Androhung und den Versuch, Repressalien auszuüben.

(2) Erleidet eine hinweisgebende Person eine Benachteiligung im Zusammenhang mit ihrer beruflichen Tätigkeit und macht sie geltend, diese Benachteiligung infolge einer Meldung oder Offenlegung nach diesem Gesetz erlitten zu haben, so wird vermutet, dass diese Benachteiligung eine Repressalie für diese Meldung oder Offenlegung ist. In diesem Fall hat die Person, die die hinweisgebende Person benachteiligt hat, zu beweisen, dass die Benachteiligung auf hinreichend gerechtfertigten Gründen basierte oder dass sie nicht auf der Meldung oder Offenlegung beruhte.

## § 37 Schadensersatz nach Repressalien

(1) Bei einem Verstoß gegen das Verbot von Repressalien ist der Verursacher verpflichtet, der hinweisgebenden Person den daraus entstehenden Schaden zu ersetzen.

(2) Ein Verstoß gegen das Verbot von Repressalien begründet keinen Anspruch auf Begründung eines Beschäftigungsverhältnisses, eines Berufsausbildungsverhältnisses oder eines anderen Vertragsverhältnisses oder auf einen beruflichen Aufstieg.

## § 38 Schadensersatz nach einer Falschmeldung

Die hinweisgebende Person ist zum Ersatz des Schadens verpflichtet, der aus einer vorsätzlichen oder grob fahrlässigen Meldung oder Offenlegung unrichtiger Informationen entstanden ist.

## § 39 Verbot abweichender Vereinbarungen

Vereinbarungen, die die nach diesem Gesetz bestehenden Rechte hinweisgebender Personen oder sonst nach diesem

Gesetz geschützter Personen einschränken, sind unwirksam.

## Abschnitt 5 Sanktionen

## § 40 Bußgeldvorschriften

(1) Ordnungswidrig handelt, wer wissentlich entgegen § 32 Absatz 2 eine unrichtige Information offenlegt.

(2) Ordnungswidrig handelt, wer

1. entgegen § 7 Absatz 2 eine Meldung oder dort genannte Kommunikation behindert,

2. entgegen § 12 Absatz 1 Satz 1 nicht dafür sorgt, dass eine interne Meldestelle eingerichtet ist und betrieben wird, oder

3. entgegen § 36 Absatz 1 Satz 1, auch in Verbindung mit § 34, eine Repressalie ergreift.

(3) Ordnungswidrig handelt, wer vorsätzlich oder leichtfertig entgegen § 8 Absatz 1 Satz 1 die Vertraulichkeit nicht wahrt.

(4) Ordnungswidrig handelt, wer eine in Absatz 3 bezeichnete Handlung fahrlässig begeht.

(5) Der Versuch einer Ordnungswidrigkeit kann in den Fällen des Absatzes 2 Nummer 1 und 3 geahndet werden.

(6) Die Ordnungswidrigkeit kann in den Fällen des Absatzes 2 Nummer 1 und 3, der Absätze 3 und 5 mit einer Geldbuße bis zu fünfzigtausend Euro, in den Fällen der Absätze 1 und 2 Nummer 2 mit einer Geldbuße bis zu zwanzigtausend Euro und in den übrigen Fällen mit einer Geldbuße bis zu zehntausend Euro geahndet werden. § 30 Absatz 2 Satz 3

des Gesetzes über Ordnungswidrigkeiten ist in den Fällen des Absatzes 2 Nummer 1 und 3 und der Absätze 3 und 4 anzuwenden.

## Abschnitt 6 Schlussvorschriften

## § 41 Verordnungsermächtigung

Das Bundesministerium der Justiz wird ermächtigt, durch Rechtsverordnung, die nicht der Zustimmung des Bundesrates bedarf, im Einvernehmen mit dem Bundesministerium für Wirtschaft und Klimaschutz, dem Bundesministerium der Finanzen, dem Bundesministerium des Innern und für Heimat, dem Bundesministerium für Arbeit und Soziales, dem Bundesministerium der Verteidigung, dem Bundesministerium für Gesundheit und dem Bundesministerium für Umwelt, Naturschutz, nukleare Sicherheit und Verbraucherschutz

1.  die nähere Ausgestaltung der Organisation und des Verfahrens der externen Meldestelle des Bundes zu regeln und

2.  eine weitere externe Meldestelle nach § 23 Absatz 1 zu bestimmen.

## § 42 Übergangsregelung

(1) Abweichend von § 12 Absatz 1 müssen private Beschäftigungsgeber mit in der Regel 50 bis 249 Beschäftigten ihre internen Meldestellen erst ab dem 17. Dezember 2023 einrichten. Satz 1 gilt nicht für die in § 12 Absatz 3 genannten Beschäftigungsgeber.

(2) § 40 Absatz 2 Nummer 2 ist erst ab dem 1. Dezember 2023 anzuwenden.